Geflügel

Impressum

Titel der Originalausgabe: Gevogelte
Übersetzung aus dem Holländischen: MiMeSys Consulting, Dr. Michael Meyer, Herne
Lektorat und Satz: Verlagsservice Kattenbeck, Tegernheim

ISBN 3-89555-220-8

1 2 3 4 5   8 7 6 5 4

Kreativ kochen

Geflügel

DÖRFLER
KOCHKUNST

Vorwort

Geflügel ist weitaus mehr als nur Huhn. Entdecken Sie die Vielfalt von Geflügelgerichten – vom klassischen Brathähnchen bis zum exquisiten Perlhuhn. Geschmort oder gebraten, gefüllt oder mariniert, Geflügel erfreut nicht nur den Gaumen, sondern ist auch gut bekömmlich.

Wenden Sie sich also dem unerschöpflichen Thema Geflügelgerichte zu und verwöhnen Sie sich und Ihre Gäste mit den fantastischen Rezepten aus diesem Buch.

Abkürzungen

EL = Esslöffel
TL = Teelöffel
g = Gramm
kg = Kilogramm
ml = Milliliter
l = Liter
°C = Grad Celsius

Für 4 Personen

Zubereitung

Die Hühnerkeulen halbieren. Zwiebeln und Knoblauchzehen abziehen und klein würfeln. Die Tomaten waschen, halbieren, Kerne und Stielansätze entfernen und das Fruchtfleisch in Stücke schneiden. Die Paprikaschoten halbieren, Kerne und weiße Trennwände entfernen. Das Gemüse waschen und in mundgerechte Stücke schneiden.

Das Öl in einer großen Pfanne erhitzen und die Fleischstücke rundherum anbraten. Zwiebeln und Knoblauch hinzufügen und kurz mitbraten. Die Paprikastücke in die Pfanne geben und das Ganze mit Salz und Pfeffer abschmecken.

Den Reis zufügen und kurz umrühren. Den Safran unterrühren. Die Geflügelbrühe angießen, alles kurz aufkochen lassen und das Fleisch bei kleiner Hitze etwa 35 Minuten garen.

Etwa 10 Minuten vor dem Ende der Garzeit die Tomaten und die Erbsen in die Pfanne geben.

Tipp:

Sie können auch einige Miesmuscheln unter die Paella mischen.

Hühnerpaella

Zutaten

4 Hühnerkeulen (à 250 g)
2 Zwiebeln
2 Knoblauchzehen
4 Tomaten
2 rote Paprikaschoten
4 EL Öl
Salz
Pfeffer
200 g Risottoreis
2 kleine Beutel gemahlener Safran
1/2 l Geflügelbrühe
300 g tiefgekühlte Erbsen

Für 4 Personen

Zubereitung

Für den Salat die Orangen schälen und filetieren. Die Avocado halbieren und den Stein entfernen. Das Fruchtfleisch in Spalten schneiden und mit den Orangenstücken vermengen. Das Ei schälen, halbieren und würfeln. Die Radieschen putzen, waschen und in Scheiben schneiden. Ei und Radieschen zur Orangen-Avocado-Mischung geben. Limonensaft, Öl, Zucker, Salz und Pfeffer verrühren und über den Salat gießen.

Die Hühnerbrustfilets unter fließend kaltem Wasser waschen, trockentupfen und mit Salz, Pfeffer und Paprikapulver würzen. Die Eier verquirlen und die Filets darin wenden. Das Fleisch mit den Sesamkörnern panieren.

Das Öl in einer Pfanne erhitzen und die Filets darin 15–20 Minuten von beiden Seiten braten.

Die Limone achteln. Die Hühnerbrustfilets auf Teller verteilen, mit den Limonenachteln garnieren und den Orangen-Avocado-Salat dazu servieren.

Zutaten

Für den Orangen-Avocado-Salat:
4 Orangen
1 Avocado
1 hart gekochtes Ei
1/2 Bund Radieschen
Saft einer halben Limone
3–4 EL Olivenöl
1 Prise Zucker
Salz
grob gemahlener bunter Pfeffer

Für die Hühnerbrustfilets:
4 Hühnerbrustfilets (à 200 g)
Salz
Pfeffer
Paprikapulver
2 Eier
Sesamkörner
3–4 EL Öl
1 Limone

Hühnerbrustfilets mit Sesamkruste

Zubereitung

Die Entenbrustfilets unter fließend kaltem Wasser waschen, trockentupfen, der Länge nach halbieren und in etwa 3 cm große Würfel schneiden. Die Paprikaschoten vierteln, Kerne und weiße Trennwände entfernen, das Gemüse waschen und in mundgerechte Stücke schneiden.

Abwechselnd Entenbrust- und Paprikastücke auf Spieße stecken. Die Hautseite der Fleischstücke muss stets in die gleiche Richtung zeigen. Die Fleischspieße mit Salz, Pfeffer, Knoblauch und Thymian würzen, mit der Hautseite nach oben auf einen mit Alufolie bedeckten Rost legen und im vorgeheizten Ofen etwa 20 Minuten grillen.

Entenbrustspieße vom Grill

Zutaten

800 g Entenbrustfilet
2 gelbe Paprikaschoten
Salz
Pfeffer
2 zerdrückte Knoblauchzehen
Thymianblättchen

Tipp

Servieren Sie die Entenbrustspieße mit Tomatensalat und Baguette.

Für 4 Personen

Zubereitung

Die Zitrone waschen und in dünne Scheiben schneiden. Die Kichererbsen in ein Sieb geben und abspülen. Die Zwiebeln schälen, vierteln und in dünne Scheiben schneiden. Den Safran in 2 EL lauwarmem Wasser einweichen. Die Knoblauchzehen abziehen und durch die Presse drücken. Die Petersilie waschen, trockentupfen und die Blättchen fein hacken.

Das Huhn unter fließend kaltem Wasser waschen, trockentupfen, innen und außen mit Salz und Pfeffer einreiben und mit Zitronensaft beträufeln. Die Keulen mit Küchengarn zusammenbinden.

Das Öl in einem Bräter erhitzen. Das Huhn darin von allen Seiten kurz anbraten und herausnehmen. Knoblauch und Zwiebeln im Bräter glasig dünsten. Kichererbsen, Thymian, die Hälfte der Petersilie und den Safran hinzufügen und alles gut verrühren. Das Tomatenpüree unter die Brühe mischen und hinzufügen. Das Huhn dazugeben und die Zitronenscheiben über die Kichererbsen verteilen. Den zugedeckten Bräter auf einem Rost in den Ofen schieben. Nach etwa 45 Minuten Garzeit den Deckel abnehmen und alles gar schmoren lassen.

Die Zitronenscheiben herausnehmen und beiseite legen. Das Huhn aus dem Bräter nehmen. Das Gemüse eventuell mit Salz und Pfeffer nachwürzen und auf einer vorgewärmten Platte anrichten. Das Huhn darauf legen, mit den Zitronenscheiben garnieren und mit der übrigen Petersilie bestreuen.

Zutaten

1 unbehandelte Zitrone
500 g Kichererbsen
2 große Zwiebeln (500 g)
1 Päckchen Safran (1,25 g)
2–3 Knoblauchzehen
3 Bund glatte Petersilie
1 küchenfertiges Huhn (1,2 kg),
Salz
frisch gemahlener weißer Pfeffer
2 EL Zitronensaft
3–4 EL Olivenöl
2 TL getrockneter Thymian
6 EL Tomatenpüree
1/2 l Geflügelbrühe

Huhn mit Kichererbsen

Gartemperaturen und Garzeit
Ober- und Unterhitze: ca. 220 °C (vorgeheizt)
Heißluftherd: ca. 200 °C (nicht vorheizen)
Gasherd: Stufe 4–5 (nicht vorheizen)
Garzeit: 60–70 Minuten

Für 4 Personen

Zubereitung

Das Huhn unter fließend kaltem Wasser waschen, trockentupfen und in 8 Stücke zerteilen.

Für die Marinade den Honig gut mit Orangensaft, Senf, Sojasoße und Pfeffer verrühren. Die Hühnerstücke mit der Marinade bestreichen und etwa 2 Stunden ziehen lassen.

Das Öl in einer Pfanne erhitzen. Das Hühnerfleisch von allen Seiten gut anbraten und eventuell ein wenig Marinade zufügen. Das Fleisch in 30–45 Minuten langsam garen, dabei die Stücke gelegentlich wenden. Eventuell etwas Wasser angießen.

Die Hühnerstücke auf einer Platte anrichten und mit den Thymianzweigen garnieren.

Zutaten

1 Huhn (1,2 kg)

Für die Marinade:

3 EL flüssiger Honig

5 EL Orangensaft

1 EL scharfer Senf

1 TL Sojasoße

1/2 TL weißer Pfeffer

3 EL Öl

Thymianzweige

Gebratenes Huhn mit Honigmarinade

Für 4 Personen

Zubereitung

Die Tauben unter fließend kaltem Wasser waschen, trockentupfen und mit Salz und Pfeffer würzen. Den Knoblauch abziehen, durch die Presse drücken und in einer Schüssel gut mit der Zitronenschale, dem Hackfleisch und der Petersilie vermengen. Die Tauben mit dieser Mischung füllen und die Öffnung mit Holzstäbchen verschließen.

Das Öl in einer feuerfesten Pfanne erhitzen und die Tauben von allen Seiten anbraten. Mit Weißwein ablöschen und die Geflügelbrühe angießen. Die Pfanne auf einem Rost in den Ofen schieben.

Für das Apfelmus die Äpfel schälen, vierteln, das Kerngehäuse entfernen und das Fruchtfleisch in Stücke schneiden. Mit 5 EL Wasser in eine Pfanne geben und bei mittlerer Hitze 10–15 Minuten köcheln lassen. Die Äpfel pürieren und mit dem Zucker süßen.

Die Tauben mit dem warmen Apfelmus und mit Petersilie garniert servieren.

Gartemperaturen und Garzeit:

Ober- und Unterhitze: ca. 180 °C (vorgeheizt)
Heißluftherd: ca. 160 °C (nicht vorheizen)
Gasherd: Stufe 2–3 (nicht vorheizen)
Garzeit: 50–60 Minuten

Tauben mit Apfelmus

Zutaten

4 küchenfertige Tauben
Salz
Pfeffer
2 Knoblauchzehen
1 EL abgeriebene Zitronenschale (unbehandelt)
400 g feines Hackfleisch
2 EL gehackte Petersilie

5 EL Olivenöl
1/8 l trockener Weißwein
3/8 l Geflügelbrühe

Für das Apfelmus:
4 saure Äpfel
2 EL Zucker
einige Stängel glatte Petersilie

Für 4 Personen

Zubereitung

Die Putenschnitzel unter fließend kaltem Wasser abbrausen, trockentupfen und in kleine Würfel schneiden.

Die Paprikaschoten halbieren, putzen, waschen und klein würfeln. Die Kartoffeln schälen, waschen und ebenfalls in Würfel schneiden.

Das Öl in einem Topf erhitzen. Fleisch-, Kartoffel- und Paprikawürfel darin anbraten. Tomatenstücke, Geflügelbrühe und Chilisoße untermengen und alles unter gelegentlichem Rühren etwa 30 Minuten schmoren lassen.

Die Chilischoten putzen, waschen und in kleine Stücke schneiden.

Den Eintopf kurz vor dem Ende der Garzeit pikant mit Chilistückchen, Sambal Oelek, Salz und Pfeffer abschmecken.

Zutaten

400 g Putenschnitzel
je 1 rote, grüne und gelbe Paprikaschote
400 g Kartoffeln
3 EL Öl
1 kleine Dose (400 g) Tomatenstücke
200 ml Geflügelbrühe
1 kleine Flasche süße Chilisoße
2 kleine Chilischoten
Sambal Oelek
Salz
frisch gemahlener Pfeffer

Pikanter Puteneintopf

Tipp
Zu diesem Gericht passen Fladenbrot oder Baguette, Kopfsalat und ein fruchtiger Weißwein.

Für 4 Personen

Zubereitung

Die Entenbrustfilets unter fließend kaltem Wasser waschen, trockentupfen und mit Salz und Pfeffer würzen. In einer beschichteten Pfanne zunächst die Haut-, dann die andere Seite 10–15 Minuten braten. Das Fleisch herausnehmen und warm stellen.

Die Schalotten schälen und klein hacken. 20 g Butter in einem Topf zerlassen, die Schalotten darin anschwitzen und mit Weißwein und Cognac ablöschen. Die Crème double mit der Geflügelbrühe unterrühren und die Mischung Topf aufkochen lassen.

Die Gänseleberpastete durch ein Sieb streichen und unter die Soße rühren. Die übrige Butter untermischen, ohne das Ganze nochmals aufkochen zu lassen.

Die Salbeiblätter waschen, trockentupfen und fein hacken. Die Soße mit Salbei, Portwein, Salz und Pfeffer abschmecken.

Für das Quittenkompott die Quitten waschen, vierteln, das Kerngehäuse entfernen und das Fruchtfleisch in Stücke schneiden. Die Butter in einem Topf zerlassen und den Zucker darin karamellisieren. Zitronensaft, Weißwein und Quitten hinzufügen und alles ca. 10 Minuten köcheln lassen.

Die Entenbrustfilets aufschneiden und in der Soße garniert mit dem Kompott servieren.

Entenbrustfilets mit Quittenkompott

Zutaten

2 Entenbrustfilets (à 300 g)
Salz
frisch gemahlener Pfeffer
2 Schalotten
50 g Butter
4 cl trockener Weißwein
4 cl Cognac
125 g Crème double
1 EL Geflügelbrühe
40 g Gänseleberpastete
2 Salbeiblätter
2 cl Portwein

Für das Quittenkompott:
250 g Quitten
60 g Butter
30 g Zucker
Saft einer Zitrone
2 cl Weißwein

Tipp

Servieren Sie zu diesem Gericht in Butter geschwenkte Spätzle.

Für 4 Personen

Zubereitung

Die Hähnchen unter fließend kaltem Wasser waschen, trockentupfen und vierteln. Das Fleisch mit Salz und Pfeffer würzen und mit Mehl bestäuben.

Das Öl in einer Pfanne erhitzen, die Hühnerviertel von allen Seiten gut anbraten und herausnehmen. Den Bratenfond abgießen.

Die Silberzwiebeln abtropfen lassen. Die Champignons abreiben und putzen. Den Thymian waschen, trockentupfen und die Blättchen von den Stielen zupfen.

Die Hälfte der Butter in einem Bräter zerlassen. Silberzwiebeln und Champignons zufügen und dünsten. Mit Burgunder ablöschen. Lorbeerblatt, Thymian und Sahne hinzugeben. Die Hühnerviertel in den Bräter legen und alles bei milder Hitze 25–30 Minuten garen. Die übrige Butter in kleinen Flocken unterrühren und die Soße mit Salz und Pfeffer abschmecken.

Zutaten

2 Hähnchen (à 1 kg)
Salz, frisch gemahlener Pfeffer
2 EL Weizenmehl
3 EL Öl
185 g Silberzwiebeln
(aus dem Glas)
250 g kleine Champignons
2–3 Stängel Thymian
60 g Butter
1/2 l roter Burgunder
1 Lorbeerblatt
200 g Sahne

Coq au Vin – Hähnchen in Burgundersoße

Tipp

Als Beilage sind Reis und Salat zu empfehlen.

Für 2 Personen

Zubereitung

Den Blätterteig bei Zimmertemperatur auftauen lassen. Die Wachteln unter fließend kaltem Wasser waschen und trockentupfen. Innen und außen mit Salz und Pfeffer einreiben.
Für die Füllung das Weißbrot etwa 30 Minuten in Milch einweichen, herausnehmen und gut ausdrücken. Die Schalotten abziehen, fein hacken und in der zerlassenen Butter andünsten. Die Putenleber zufügen, kurz anbraten, herausnehmen und in Stücke schneiden. Brot, Schalotten und Leber durch den Fleischwolf drehen. Die Petersilie waschen, trockentupfen und die Blättchen fein hacken. Den Schinken würfeln, mit der Petersilie und dem Ei zur Lebermischung geben und alles gut verrühren. Mit Salz und Pfeffer würzen. Die Wachteln mit der Mischung füllen und die Öffnungen mit Holzstäbchen verschließen. Das Öl in einer Pfanne erhitzen, die Vögel darin goldbraun braten, herausnehmen und abkühlen lassen.

Die Äpfel schälen, halbieren, großzügig entkernen und mit Zitronensaft beträufeln. Die Wachteln auf je eine Apfelhälfte legen, mit Calvados beträufeln und die andere Apfelhälfte darauf legen. Den Blätterteig zu zwei Quadraten ausrollen, die mit Wachteln gefüllten Äpfel darauf setzten und mit dem Teig umhüllen. Das Eigelb mit der Milch verquirlen und den Blätterteig damit bestreichen. Zwei Löcher in die Teighülle stechen, damit der Dampf entweichen kann. Die Wachtelpäckchen auf ein mit Wasser gespültes Backblech setzen und auf einem Rost in den Ofen schieben.

Für die Soße den Bratenfond mit Calvados lösen, aufkochen und mit Salz und Pfeffer abschmecken.

Gefüllte Wachteln

Zutaten

300 g Tiefkühl-Blätterteig
2 küchenfertige Wachteln
Salz, frisch gemahlener Pfeffer

Für die Füllung:
2 Scheiben Weißbrot (ohne Rinde)
Milch, 2 Schalotten, 20 g Butter
75 g Putenleber, 1 Bund Petersilie
50 g Parmaschinken, 1 Ei, 3 EL Öl
2 Äpfel, Saft einer halben Zitrone
1 EL Calvados, 1 Eigelb
2 EL Milch

Für die Soße:
$^1/_8$ l Kalbsfond
2 EL Calvados

Gartemperaturen und Garzeit

Ober- und Unterhitze: ca. 200 °C
(vorgeheizt)
Heißluftherd: ca. 180 °C
(nicht vorheizen)
Gasherd: Stufe 3–4
(nicht vorheizen)
Garzeit: 20–25 Minuten

Für 4 Personen

Zubereitung

Die Putenschnitzel unter fließend kaltem Wasser waschen, trockentupfen und mit Salz und Pfeffer würzen. Das Öl in einer Pfanne erhitzen und das Fleisch darin von beiden Seiten etwa 5 Minuten braten.

Den Salat putzen, waschen und in eine Schüssel geben. Für das Dressing den Knoblauch abziehen und durch die Presse drücken. Essig, Öl, Salz, Pfeffer und Knoblauch verrühren und über den Salat gießen.

Den Salat mit den Putenschnitzeln auf 4 Tellern anrichten und mit Parmesankäse bestreuen.

Zutaten

4 Putenschnitzel (à 120 g)
Salz
frisch gemahlener Pfeffer
3 EL Öl
300 g Rucola

Für das Dressing:
1 Knoblauchzehe
2 EL Aceto balsamico
3 EL Olivenöl
2 EL geriebener Parmesankäse

Putenschnitzel mit Rucolasalat

Tipp

Servieren Sie zu den Putenschnitzeln ofenfrisches Baguette.

Für 4 Personen

Zubereitung

Für das Kartoffelpüree die Kartoffeln in reichlich Wasser garen, pellen und durch die Kartoffelpresse drücken. Mit Milch und Butter zu einem glatten Püree vermengen. Eventuell noch etwas kalte Milch zufügen. Mit Muskatnuss, Pfeffer und Salz abschmecken und die Petersilie untermischen.

Eine Springform mit Kucheneinsatz mit Butter einfetten und die Walnüsse darauf streuen.

Die Hühnerbrustfilets unter fließend kaltem Wasser waschen, trockentupfen und in Streifen schneiden. Die Zwiebeln abziehen und würfeln.

Das Öl in einer Pfanne erhitzen und das Fleisch darin kräftig anbraten. Die Zwiebelwürfel hinzugeben und goldgelb dünsten. 100 ml Wasser angießen, alles mit Paprikapulver, Kräutern der Provence und grünem Pfeffer würzen und bei milder Hitze etwa 5 Minuten schmoren. Erbsen und Kräuter zufügen und alles noch etwa 5 Minuten garen.

Das heiße Püree einfüllen, leicht andrücken und auf eine vorgewärmte Platte stürzen.

Die Hühnerpfanne noch einmal abschmecken und im Kartoffelrand verteilen.

Hühnerbruststreifen im Kartoffelrand

Zutaten

Für das Kartoffelpüree:
1 kg fest kochende Kartoffeln
1/4 l heiße Milch
2 TL Butter
geriebene Muskatnuss
frisch gemahlener Pfeffer
Salz
2 EL gehackte Petersilie

1 TL Butter
20 gehackte Walnüsse

400 g Hühnerbrustfilet
2 Zwiebeln
2 EL Öl
1/2 TL Paprikapulver
1 TL Kräuter der Provence
1 TL grüner Pfeffer
300 g tiefgekühlte Erbsen
1 EL gehackte Kräuter, z. B. Estragon oder Petersilie

Geflügel

Für 4 Personen

Zubereitung

Die Hühnerkeulen unter fließend kaltem Wasser waschen und trockentupfen.

Öl, Salz, Pfeffer und Currypulver verrühren, die Keulen damit bestreichen und auf einen mit Alufolie überzogenen Rost legen.

Den Rost auf der mittleren Schiene in den vorgeheizten Ofen schieben und die Hühnerkeulen etwa 20 Minuten grillen. Hin und wieder wenden und mit Öl bestreichen.

Die Keulen nach etwa 15 Minuten mit Honig bestreichen und mit Kümmel bestreuen. Vor dem Servieren mit Zitronensaft beträufelt.

Zutaten

4 Hühnerkeulen
6 EL Öl
Salz
frisch gemahlener Pfeffer
Currypulver
2–3 TL Honig
1 TL Kümmel
Saft einer halben Zitrone

Gegrillte Hühnerkeulen

Tipp

Verfeinern Sie das Öl mit einer zerdrückten Knoblauchzehe.

Für 4 Personen

Zubereitung

Die Gänsekeulen unter fließend kaltem Wasser waschen und trockentupfen. Mit Salz und Paprikapulver einreiben. Das Schmalz in einer großen Pfanne erhitzen, die Keulen rundum gut anbraten und die Hälfte des Fettes abgießen.

Die Zwiebeln abziehen, vierteln und zum Fleisch geben. 1/8 l heißes Wasser angießen und das Ganze köcheln lassen. Die Keulen ab und zu wenden, mit dem Bratfett übergießen und das verdunstete Wasser ersetzen.

Die Paprikaschoten halbieren, putzen, waschen und in Streifen schneiden. Die Tomaten überbrühen, abschrecken, häuten und halbieren. Stielansätze und Kerne entfernen und das Gemüse in Streifen schneiden. Tomaten- und Paprikastreifen nach 1 Stunde zum Fleisch geben. Alles mit Salz und Pfeffer würzen und nochmals etwa 45 Minuten schmoren lassen. Das Fleisch herausnehmen und das Gemüse mit Salz, Pfeffer und Paprikapulver abschmecken. Die Gänsekeulen wieder hinzufügen und servieren.

Tipp

Servieren Sie als Beilage Reis.

Gänsekeulen mit Paprikaschoten

Zutaten

2 Gänsekeulen (à ca. 500 g)
Salz
Paprikapulver
1 EL Schweineschmalz
3 Zwiebeln
500 g rote und grüne Paprikaschoten
500 g Tomaten
frisch gemahlener Pfeffer

Für 6 Personen

Zubereitung

Das Perlhuhn unter fließend kaltem Wasser waschen und trockentupfen. Innen und außen mit Salz und Pfeffer einreiben.

Für die Füllung die Korinthen im Rum einweichen. Die Butter in einem Bräter zerlassen und die Geflügel- und Perlhuhnleber kurz darin anbraten. Die Leber herausnehmen und in sehr kleine Stücke schneiden. Den Schinken klein würfeln und unter die Leberstückchen mischen.

Das Weißbrot zerkrümeln und in der Milch einweichen. Die Milch abgießen. Die Petersilie waschen, trockentupfen und die Blättchen klein hacken. Die Knoblauchzehen abziehen und durch die Presse drücken. Den Sahneschmelzkäse mit dem Ei vermengen. Weißbrot, Petersilie, Knoblauch und Käse-Ei-Mischung in eine große Schüssel geben und mit der Geflügellebermischung und den Korinthen vermischen. Mit Salz und Pfeffer würzen.

Das Perlhuhn mit 2/3 der Mischung füllen und die Öffnung mit Küchengarn zunähen. Die Haut mit Butter bestreichen und mit Salz und Pfeffer würzen. Eine feuerfeste Form mit Butter einstreichen und das Perlhuhn hineinlegen. Die Schalotten abziehen, klein würfeln und um das Perlhuhn verteilen. Die Form auf einem Rost in den Ofen stellen. Das Perlhuhn ab und zu mit etwas Rum und Geflügelbrühe übergießen.

Butter und Öl in einer feuerfesten Pfanne erhitzen, die Toastscheiben darin goldbraun backen, mit der übrigen Füllung bestreichen und etwa 10 Minuten vor dem Ende der Garzeit auf dem Rost in den Ofen schieben. Die Toastscheiben auf eine große Platte legen, das Perlhuhn darauf setzen und mit der in Stücke geschnittenen Füllung garnieren. Den Bratenfond mit dem übrigen Rum flambieren und das Gericht servieren.

Zutaten

1 Perlhuhn (ca. 1,2 kg)
Salz
frisch gemahlener Pfeffer

Für die Füllung
75 g Korinthen, 4 EL Rum
30 g Butter, 100 g Geflügelleber
1 Perlhuhnleber
150 g geräucherter Schinken
100 g altes Weißbrot, 1/8 l Milch
2 Bund Petersilie
2 Knoblauchzehen
100 g Sahneschmelzkäse, 1 Ei
1 EL Butter, 4 Schalotten
100 ml Rum
1/8 l warme Geflügelbrühe
50 g Butter, 2 EL Öl
4–5 Scheiben altes Toastbrot

Perlhuhn mit Rum

Gartemperaturen und Garzeit

Ober- und Unterhitze: ca. 200 °C (vorgeheizt)

Heißluftherd: ca. 180 °C (nicht vorheizen)

Gasherd: Stufe 3–4 (nicht vorheizen)

Garzeit: 1 Stunde

Für 2 Personen

Zubereitung

Die Wachteln unter fließend kaltem Wasser waschen, trockentupfen und mit Salz und Pfeffer einreiben. Mit den Speckscheiben umwickeln und mit Küchengarn fixieren. Das Öl in einer Pfanne erhitzen und die Wachteln darin 20–25 Minuten braten, bis sie gar sind. Herausnehmen und warm stellen.

Den Bratenfond mit Cognac ablöschen. Den Kalbsfond und die Sahne angießen.

Die Limonen mit heißem Wasser abwaschen, trockentupfen, die Schale entfernen und zur Soße geben. Die weiße Außenhaut der Früchte entfernen. Die Hälfte einer Limone in kleine Stücke schneiden, die andere Hälfte auspressen. Fruchtstücke und Saft zur Soße geben und alles sämig einkochen lassen. Die Limonenschale herausnehmen und die Soße mit Salz, Pfeffer und Zucker abschmecken. Die zweite Limone in dünne Scheiben schneiden und die Wachteln vor dem Servieren damit belegen.

Tipp

Als Beilage passt Kartoffelpüree.

Wachteln in Limonensoße

Zutaten

2 küchenfertige Wachteln
Salz
frisch gemahlener Pfeffer
150 g durchwachsener Speck in dünnen Scheiben
3 EL Öl
5 EL Cognac
100 ml Kalbsfond
200 g Sahne
2 unbehandelte Limonen
1 Prise Zucker

Für 4 Personen

Zubereitung

Die Hühnerbrustfilets in einer Mischung aus Zitronensaft, Salz und Pfeffer etwa 1 Stunde marinieren. Anschließend trockentupfen.

Die Butter in einer Kasserolle zerlassen und das Fleisch darin anbraten. Etwas Thymian darüber streuen und alles mit dem Weißwein ablöschen.

Die Rosinen hinzufügen und das Fleisch zugedeckt bei schwacher Hitze etwa 15 Minuten garen. Eventuell noch etwas Wein angießen.

Den Branntwein mit der Crème fraîche mischen und unter die Soße mischen. Mit Salz und Pfeffer abschmecken und mit Reis servieren.

Zutaten

800 g Hühnerbrustfilet
2 EL Zitronensaft
Salz
frisch gemahlener Pfeffer
100 g Butter
gehackte Thymianblätter
1/8 l trockener Weißwein
100 g Rosinen
6 cl griechischer Branntwein
1 1/2 Becher Crème fraîche (225 g)

Hühnerbrustfilets in Branntweinsoße

Für 4 Personen

Zubereitung

Für den Salat die Paprikaschote vierteln, putzen, waschen und in feine Streifen schneiden. Die Zucchini waschen, putzen und in Stifte schneiden. Paprikastreifen und Zucchinistifte in einer Schüssel mit der Petersilie, den Frühlingszwiebeln und den Chilis vermischen. Das Öl mit dem Essig vermengen, mit Salz, Pfeffer und Zucker abschmecken und unter die Salatzutaten mischen.

Die Hühnerbrustfilets unter fließend kaltem Wasser waschen und trockentupfen. Tomatenpüree, Sambal Oelek und Olivenöl vermischen und die Filets auf einer Seite damit bestreichen.

Das Öl in einer Pfanne erhitzen. Die Filets mit der bestrichenen Seite in die Pfanne legen und etwa 5 Minuten bei milder Hitze braten. Die andere Seite mit der Tomaten-Öl-Mischung bestreichen, das Fleisch umdrehen und weitere 5 Minuten garen. Die Filets mit dem Salat auf Tellern anrichten und servieren.

Tipp

Als Beilage schmeckt warmes Fladenbrot.

Zutaten

Für den Salat:
1 rote Paprikaschote
150 g Zucchini
2 EL klein gehackte Petersilie
4 EL in Ringe geschnittene Frühlingszwiebeln
2 TL klein gehackte rote Chilischoten
4 EL Öl
2 EL Estragonessig
Salz
frisch gemahlener Pfeffer
1 Prise Zucker

4 Hühnerbrustfilets (à 150 g)
60 g Tomatenpüree
2 TL Sambal Oelek
4 EL Olivenöl
4 EL Öl

Pikante Hühnerbrustfilets mit Zucchini-Paprika-Salat

Für 4 Personen

Zubereitung

Die Frühlingszwiebeln putzen, waschen und trockentupfen. Das Grün nicht vollständig entfernen. Die Butter in einer Pfanne zerlassen, die Zwiebeln zufügen und mit dem Zucker bestreuen. Alles unter ständigem Rühren vorsichtig dünsten. 2 EL Sojasoße angießen, alles mit Salz abschmecken und abkühlen lassen.

Die Ente unter fließend kaltem Wasser waschen und trockentupfen. Innen und außen mit Salz einreiben. Den Hals abschneiden und die Ente mit den Frühlingszwiebeln füllen (vom Grün sollte noch ein wenig zu sehen sein). Die Keulen mit Küchengarn am Rumpf festbinden. Die Ente auf dem Rücken mit den Innereien in einen Bräter legen und auf einem Rost auf der mittleren Schiene in den Ofen schieben. Nach etwa 15 Minuten ein wenig Wasser angießen. Restliche Sojasoße, Sherry und Ingwer verrühren und in den Bräter gießen.

Die gare Ente auf eine vorgewärmte Platte legen und warm stellen. Den Bratenfond mit 1/8 l kochendem Wasser lösen, durch ein Sieb streichen, entfetten und ein wenig einkochen lassen. Die Crème fraîche unterrühren und mit Salz, Sojasoße und Sherry abschmecken. Das Ingwerstück putzen, klein würfeln und unterrühren. Die Soße um die Ente gießen und das Gericht servieren.

Tipp

Reichen Sie als Beilage Reis mit Champignons.

Ente mit Frühlingszwiebelfüllung

Zutaten

2–3 Bund Frühlingszwiebeln
40 g Butter
30 g Zucker
4 EL Sojasoße
Salz
1 küchenfertige Ente mit Innereien (2–2,5 kg)
3 EL trockener Sherry
1/2 TL frisch geriebener Ingwer

Für die Soße:
100 g Crème fraîche
Sojasoße
Sherry
1 kleines Stück Ingwer

Gartemperaturen und Garzeit

Ober- und Unterhitze: ca. 200 °C (vorgeheizt)

Heißluftherd: ca. 180 °C (nicht vorheizen)

Gasherd: Stufe 3–4 (nicht vorheizen)

Garzeit: 1 1/2–2 Stunden

Für 2 Personen

Zubereitung

Die Tauben unter fließend kaltem Wasser waschen, trockentupfen, halbieren und mit Salz und Pfeffer einreiben.

Die Butter in einer Pfanne zerlassen, die Tauben darin anbraten und mit Weinbrand besprenkeln. Die Hälfte der Brühe angießen und das Fleisch 20–30 Minuten garen.

Die Zwiebel schälen, klein schneiden und mit der Petersilie etwa 5 Minuten vor dem Ende der Garzeit zum Fleisch geben. Kurz mitbraten und die übrige Brühe angießen.

Die Tauben halbieren, auf vorgewärmte Teller legen und warm halten. Den Bratenfond mit Salz und Pfeffer würzen und über das Fleisch gießen.

Tipp

Als Beilagen schmecken Rosenkohl und Bratkartoffeln.

Zutaten

2 küchenfertige Tauben
Salz
frisch gemahlener Pfeffer
40 g Butter
2 EL Weinbrand
$^{1}/_{8}$ l Geflügelbrühe
1 Zwiebel
2 EL gehackte Petersilie

Gebratene Tauben

Für 4 Personen

Zubereitung

Die Tauben unter fließend kaltem Wasser waschen, trockentupfen und halbieren. Innen und außen mit Salz und Pfeffer einreiben. Das Öl in einem Bräter erhitzen und die Tauben darin anbraten.

Die Orange waschen, in Scheiben schneiden, diese halbieren und kurz mit den Tauben anbraten.

Den Orangensaft mit dem Sherry und der Sojasoße mischen, ein wenig davon über die Tauben gießen und das Ganze 1–1 1/2 Stunden schmoren lassen. Die übrige Sherrymischung nach und nach angießen.

Die Tauben aus dem Bräter nehmen und warm stellen. Die Soße durch ein Sieb passieren, mit Salz und Pfeffer abschmecken und mit den Tauben servieren.

Tauben in Orangensoße

Zutaten

4 küchenfertige Tauben
Salz
frisch gemahlener Pfeffer
2 EL Sojasoße
2 EL Olivenöl
1 unbehandelte Orange
1/8 l Orangensaft
4 EL Sherry
1 EL Sojasoße

Für 4 Personen

Zubereitung

Die Putenschnitzel unter fließend kaltem Wasser waschen und trockentupfen. Das Fleisch dünn klopfen, mit etwas Sojasoße bestreichen und mit Pfeffer bestreuen.

Den Lauch putzen, waschen und trockentupfen. In etwa 4 cm lange Stücke, dann der Länge nach in dünne Streifen schneiden. Die Sojasprossen abbrausen. Die Butter in einer Pfanne zerlassen. Lauch und Sojasprossen zufügen und kurz anbraten.

Ein Putenschnitzel in kleine Stücke schneiden, mit den Sojasprossen und dem Lauch vermengen und das Ganze mit einer Prise Cayennepfeffer und der restlichen Sojasoße abschmecken.

Die übrigen Schnitzel jeweils mit einer Scheibe Speck belegen und die Füllung darüber verteilen. Das Fleisch zu Rouladen rollen und mit Küchengarn umwickeln. Die Margarine in einer Pfanne erhitzen und die Rouladen 10–15 Minuten bei geringer Hitze unter gelegentlichem Wenden von allen Seiten anbraten, bis sie gar sind. Nach und nach den Wein angießen.

Die Rouladen in Scheiben schneiden, auf Tellern anrichten und mit dem Bratenfond übergießen.

Zutaten

5 Putenschnitzel (à 120 g)
2–3 EL Sojasoße
frisch gemahlener Pfeffer
100 g Lauch
50 g Sojasprossen
1 TL Butter
1 Prise Cayennepfeffer
4 dünne Scheiben magerer Speck
2 EL Margarine
4–5 EL Weißwein

Putenrouladen

Tipp
Reichen Sie als Beilage
Gemüsereis und Salat.

Für 4 Personen

Zubereitung

Die Zwiebel abziehen und in Würfel schneiden. Die Tomaten überbrühen, abschrecken und häuten. Stielansätze und Kerne entfernen und das Gemüse in Würfel schneiden. Die Kartoffeln schälen und waschen. Das Hühnerfleisch unter fließend kaltem Wasser waschen, trockentupfen und mit Salz, Pfeffer und Knoblauch würzen.

Das Öl in einem Bräter erhitzen und das Fleisch von allen Seiten anbraten. Die Zwiebelwürfel und die Kartoffeln hinzufügen und mitbraten. Tomatenwürfel, Geflügelbrühe, Rosmarin und Petersilie zugeben. Den Bräter auf einem Rost in den Ofen schieben und das Fleisch garen. Eventuell nochmals mit Salz und Pfeffer abschmecken und servieren.

Tipp

Als Beilage sind Ciabatta und gemischter Salat zu empfehlen.

Gartemperaturen und Garzeit

Ober- und Unterhitze: 180–200 °C (vorgeheizt)
Heißluftherd: 160–180 °C (nicht vorheizen)
Gasherd: Stufe 3 (nicht vorheizen)
Garzeit: ca. 40 Minuten

Geschmortes Huhn auf italienische Art

Zutaten

1 Zwiebel
2 große Fleischtomaten
400 g kleine, fest kochende Kartoffeln
800 g Hühnerfleisch ohne Haut (Brust und Keule, jeweils entbeint)
Salz
frisch gemahlener Pfeffer
1 zerdrückte Knoblauchzehe
4 EL Olivenöl
200 ml Geflügelbrühe
3 kleine Zweiglein Rosmarin
1 EL gehackte Petersilie

Für 4 Personen

Zubereitung

Den Lauch putzen, waschen, trockentupfen und in dünne Scheiben schneiden. Die Karotten putzen, schälen und ebenfalls in dünne Scheiben schneiden. 1 EL Öl in einer Pfanne erhitzen und das Gemüse darin dünsten, bis es fast gar ist. 1 EL Rübensirup untermengen.

Die Perlhuhnbrustfilets unter fließend kaltem Wasser waschen, trockentupfen und vorsichtig ein wenig flach klopfen. Mit 2 EL Öl beträufeln, salzen und pfeffern. Auf jedes Filet 1 EL der Gemüsemischung geben und gleichmäßig verteilen. Das Fleisch zusammenrollen und jeweils mit zwei Holzstäbchen fixieren.

2 EL Öl in einer Pfanne erhitzen und die Fleischröllchen rundum anbraten. Mit Weißwein ablöschen und zugedeckt etwa 10 Minuten schmoren lassen. Die Röllchen herausnehmen und warm stellen. Den Bratenfond mit Sahne ablöschen und ein wenig einkochen lassen. Mit Pfeffer und Sojasoße abschmecken.

Die Kartoffeln schälen, waschen und mit einem Kugelausstecher kleine Bällchen abstechen. Das restliche Öl in einer Pfanne erhitzt und die Kartoffelbällchen unter ständigem Wenden in ca. 15 Minuten garen. Den restlichen Rübensirup zufügen und die Kartoffelbällchen im Ofen karamellisieren.

Zutaten

1 Stange Lauch
2 Karotten
8 EL Öl
3 EL Rübensirup
4 Perlhuhnbrustfilets (à 150 g)
Salz
frisch gemahlener Pfeffer
200 ml trockener Weißwein
5 EL Sahne
2 EL Sojasoße
750 g Kartoffeln

Perlhuhnröllchen mit karamellisierten Kartoffeln

Gartemperaturen und Garzeit

Ober- und Unterhitze: ca. 180 °C (vorgeheizt)

Heißluftherd: ca. 160 °C (nicht vorheizen)

Gasherd: Stufe 2–3 (nicht vorheizen)

Garzeit: ca. 3 Minuten

Für 6 Personen

Zubereitung

Die Gans unter fließend kaltem Wasser waschen und trockentupfen. Innen und außen mit Salz und Pfeffer einreiben, auf dem Rücken in einen Bräter legen und auf einem Rost auf der untersten Schiene in den Ofen schieben. Nach einiger Zeit hin und wieder mit einer Gabel unter die Flügel oder in die Keulen stechen, damit das Fett besser austreten kann. Nach etwa 45 Minuten Garzeit das angesammelte Fett abschöpfen. Sobald sich der Fond braun färbt, etwas heißes Wasser angießen. Die Gans etwa 10 Minuten vor dem Ende der Garzeit auf den Bauch legen und den Rücken mit kaltem Wasser bestreichen. Den Ofen auf Grillen stellen, damit die Haut knusprig braun wird. Die Gans aus dem Bräter nehmen, portionieren, die Fleischstücke auf eine vorgewärmte Platte legen und warm stellen.

Den Bratenfond mit etwas Wasser lösen, durch ein Sieb passieren, entfetten und 1/2 l Wasser angießen. Das Mehl mit 2 EL kaltem Wasser mischen und den kochenden Fond damit binden. Die Soße mit Salz und Pfeffer abschmecken.

Variante

Füllen Sie die Gans mit einer der folgenden Mischungen und vernähen Sie die Öffnung mit Küchengarn. Die Garzeit verlängert sich um 15–30 Minuten.

Apfelfüllung: 1 kg gewaschene, ungeschälte, entkernte Äpfel mit 500 g geschälten, entkernten Äpfeln und 500 g entsteinten Dörrpflaumen, einer Prise Zucker und Paniermehl vermischt.

Brotfüllung: 2 Zwiebeln klein würfeln und in etwas Butter glasig dünsten. 3 Brötchen würfeln und mit 100 g Speck anrösten. Die Zwiebeln zufügen und alles mit 1/8 l Milch übergießen. Mit Salz, Pfeffer, Thymian und Muskat abschmecken, 150 g entsteinte Sauerkirschen und ein Ei untermengen. Alles ca. 5 Minuten einweichen lassen und eventuell ein wenig Paniermehl untermischen.

Gans mit Apfel- oder Brotfüllung

Zutaten

1 küchenfertige Gans (ca. 3,5 kg)
Salz
frisch gemahlener Pfeffer
1 EL Mehl

Gartemperaturen und Garzeit

Ober- und Unterhitze: 200–220 °C (vorgeheizt)
Heißluftherd: 180–200 °C (nicht vorheizen)
Gasherd: Stufe 3–4 (nicht vorheizen)
Garzeit: ca. 3 Stunden

Für 4 Personen

Zubereitung

Die Putenschnitzel unter fließend kaltem Wasser abspülen, trockentupfen, salzen und pfeffern.

Das Öl in einer Pfanne erhitzen und die Putenschnitzel auf jeder Seite 4–5 Minuten braten.

Für die Currymajonäse die Silberzwiebeln abtropfen lassen und fein hacken. Mit der Majonäse, der Aprikosenmarmelade, dem Currypulver und einigen Tropfen Rum vermischen. Mit Salz abschmecken.

Tipp

Zu diesem Gericht schmecken Baguette, Bratkartoffeln, verschiedene Gemüse oder gemischte Salate. Sie können die Putenschnitzel auch durch Hühnerbrustfilets ersetzen.

Zutaten

4 Putenschnitzel (à 180 g)
Salz
frisch gemahlener Pfeffer
4 TL Distelöl

Für die Currymajonäse:
10 Silberzwiebeln (aus dem Glas)
125 g Majonäse, 1 EL Aprikosenmarmelade, 1/2 TL Currypulver, Rum

Putenschnitzel mit Currymajonäse

Für 4 Personen

Zubereitung

Die Entenkeulen unter fließend kaltem Wasser abspülen, trockentupfen und quer einschneiden. Die Schalotte abziehen und fein hacken. Die Pfifferlinge putzen. Die Butter in einer großen Pfanne zerlassen, Schalotten und Pfifferlinge zufügen und mit Eigelb, Petersilie, Paniermehl, Salz und Pfeffer vermengen. Die Entenkeulen mit dieser Mischung füllen, mit Holzspießen verschließen und mit Salz und Pfeffer würzen.

Die Zwiebel abziehen und würfeln. Den Sellerie putzen, waschen, trockentupfen und in Würfel schneiden. Die Karotte putzen, schälen und würfeln.

Das Öl in einem Bräter erhitzen und die Keulen darin anbraten. Das Gemüse und eventuell etwas Wasser zufügen und das Ganze auf einem Rost in den Ofen schieben. Nach 30 Minuten den Holundersaft über das Fleisch gießen.

Die garen Keulen aus dem Bräter nehmen und warm stellen. Die Soße durch ein Sieb passieren, den Wermut zufügen und mit Salz und Pfeffer abschmecken.

Entenkeulen in Holundersoße

Zutaten

4 Entenkeulen
1 Schalotte
100 g Pfifferlinge
1 TL Butter
1 Eigelb
1 EL gehackte Petersilie
1 EL Paniermehl
Salz
frisch gemahlener Pfeffer
1 Zwiebel
50 g Knollensellerie
1 Karotte
4 EL Öl
1/4 l Holundersaft
3 cl Wermut

Gartemperaturen und Garzeit

Ober- und Unterhitze: ca. 200 °C (vorgeheizt)

Heißluftherd: ca. 180 °C (nicht vorheizen)

Gasherd: Stufe 3–4 (nicht vorheizen)

Garzeit: ca. 45 Minuten

Für 8 Personen

Zubereitung

Die Gans mit Hals und Innereien unter fließend kaltem Wasser waschen, trockentupfen und eventuell das Fett entfernen. Den Hals herauslösen, in kleine Stücke schneiden und mit den Innereien beiseite legen. Die Gans innen und außen mit Salz einreiben. Die Flügel mit Küchengarn fest an den Rumpf binden.

Die Äpfel schälen, vierteln und vom Kerngehäuse befreien. Den Majoran waschen und trockentupfen. Die Blättchen von den Stängeln zupfen und mit den Apfelvierteln in die Gans füllen. Die Öffnung mit Holzstäbchen verschließen, die Gans auf dem Rücken in einen Bräter legen und auf einem Rost auf der untersten Schiene in den Ofen schieben.

Die Zwiebeln abziehen, grob hacken und mit den Halsstückchen und den Innereien in den Bräter legen. Etwas Wasser angießen, wenn der Bratenfond braun wird.

Die Gans nach etwa 1 Stunde umdrehen und hin und wieder mit Bratenfond übergießen. Die verdampfte Flüssigkeit durch Wasser ersetzen. Während des Bratens ab und zu unter die Flügel oder in die Keulen stechen, damit das Fetter besser austreten kann. Die Gans etwa 10 Minuten vor dem Ende der Garzeit mit kaltem Salzwasser bestreichen, damit die Haut knusprig wird.

Die Gans aus dem Bräter nehmen und warm stellen. Den Bratenfond mit Wasser lösen, durch ein Sieb passieren und mit Salz und Majoran abschmecken.

Tipp

Servieren Sie als Beilagen Rotkohl, Esskastanien und Kartoffelklöße.

Zutaten

1 Gans mit Hals und Innereien
(4 1/2–5 kg)
Salz
1 kg saure Äpfel
1 Sträußchen Majoran
4 Zwiebeln (ca. 200 g)
getrockneter Majoran

Martinsgans mit Majoran und Äpfeln

Gartemperaturen und Garzeit
Ober- und Unterhitze: ca. 200–220 °C (vorgeheizt)
Heißluftherd: ca. 180–200 °C (nicht vorheizen)
Gasherd: Stufe 4 (nicht vorheizen)
Garzeit: ca. 3 Stunden

Für 4 Personen

Zubereitung

Die Ananasscheiben zum Abtropfen in ein Sieb legen, den Saft auffangen und die Früchte in Stücke schneiden. Die Hühnerkeulen unter fließend kaltem Wasser waschen und trockentupfen. Sojasoße, Chilisoße, Ananassaft, Pfeffer und Currypulver mischen. Die Hühnerkeulen damit bestreichen und einige Stunden marinieren; dabei die Keulen mehrmals wenden und erneut mit Marinade bestreichen.

Die Paprikaschoten halbieren, putzen, waschen und in Streifen schneiden. Die Frühlingszwiebeln putzen, waschen und in 3 cm lange Stücke schneiden. Paprikastreifen, Frühlingszwiebeln, Ananasstücke und Cashewnüsse vermischen und in den angefeuchteten Römertopf geben. Das Ganze salzen, die Hühnerkeulen mit der Marinade darüber geben und den Topf auf einem Rost in den kalten Ofen schieben.

Die Maiskölbchen abtropfen lassen, unter das Gemüse mischen und den Topf kurz in den abgeschalteten, jedoch noch warmen Ofen stellen. Das Gemüse abschmecken und mit den Hühnerkeulen servieren.

Marinierte Hühnerkeulen

Zutaten

140 g Ananasscheiben
(aus der Dose)
4 Hühnerkeulen
je 3 EL Soja- und Chilisoße
6 EL Ananassaft
1/2 TL frisch gemahlener Pfeffer
1 TL Currypulver
je 1 rote und grüne Paprikaschote
1 Bund Frühlingszwiebeln
50 Cashewnüsse
Salz
220 g Maiskölbchen
(aus dem Glas)

Gartemperaturen und Garzeit

Ober- und Unterhitze: 200–220 °C
Heißluftherd: 180–200 °C
Gasherd: Stufe 4
Garzeit: 60–70 Minuten

Für 6 Personen

Zubereitung

Das Öl mit dem Calvados und dem Essig vermischen. Die Knoblauchzehen abziehen, durch die Presse drücken und zur Marinade geben. Mit Salz, Pfefferkörnern und Rosmarinnadeln würzen. Den Honig unterrühren.

Die Hähnchen unter fließend kaltem Wasser waschen und trockentupfen. Jeweils in 6 Teile zerlegen, die Fleischstücke mit der Marinade bestreichen und zugedeckt 4–6 Stunden im Kühlschrank ziehen lassen, dabei ab und zu wenden.

Das Fleisch aus der Marinade nehmen, abtropfen lassen, auf den Grill legen und von beiden Seiten 10–12 Minuten grillen, dabei hin und wieder mit der Marinade bestreichen.

Tipp

Als Beilagen schmecken Fladenbrot und Salate.

Zutaten

6 EL Olivenöl
1 EL Calvados
4 EL Apfelessig
3 Knoblauchzehen
Salz
1 TL grüne Pfefferkörner
einige Rosmarinnadeln
1 TL Honig
2 küchenfertige Hähnchen (à 750 g)

Huhn nach Zigeunerart

Für 4 Personen

Zubereitung

Die Hühnerbrustfilets unter fließend kaltem Wasser waschen, trockentupfen und in mundgerechte Stücke schneiden. Das Öl in einer Pfanne erhitzen, das Fleisch darin rundum kräftig anbraten und herausnehmen.

Die Zuckererbsen putzen, waschen, etwa 2 Minuten in kochendem Wasser blanchieren und in einem Sieb abtropfen lassen.

Die Zwiebel abziehen, würfeln und im Bratfett anschwitzen. Die Zucchini waschen, trockentupfen, putzen und in dünne Scheiben schneiden. Zu den Zwiebeln geben und mit Salz, Pfeffer, Muskatnuss und Knoblauch würzen.

Den Schmelzkäse mit der Sahne, den Eiern, dem Kerbel, der Petersilie und dem Schnittlauch vermengen. Eine flache feuerfeste Form mit 10 g Butter einfetten. Fleisch und Gemüse zufügen und die Sahne-Käse-Mischung darüber gießen.

Mit Greyerzer Käse und der restlichen Butter in Flöckchen bestreuen und die Form auf einem Rost auf der mittleren Schiene in den Ofen schieben.

Zutaten

400 g Hühnerbrustfilets
3 EL Öl
200 g Zuckererbsen
1 Zwiebel
1 Ei
200 g Zucchini
Salz
frisch gemahlener Pfeffer
geriebene Muskatnuss
1 zerdrückte Knoblauchzehe
125 g Sahneschmelzkäse
200 g Sahne
2 Eier
1 EL gehackter Kerbel
1 EL gehackte Petersilie
1 EL gehackter Schnittlauch
40 g Butter
40 g geriebener Greyerzer Käse

Überbackene Hühnerbrustfilets mit Zuckererbsen

Gartemperaturen und Garzeit

Ober- und Unterhitze: 180–200 °C (vorgeheizt)
Heißluftherd: 160–180 °C (vorgeheizt)
Gasherd: Stufe 3 (vorgeheizt)
Garzeit: 30–40 Minuten

Für 4 Personen

Zubereitung

Eine feuerfeste Form mit 10 g Butter einfetten. Die Hühnerbrustfilets unter fließend kaltem Wasser waschen, trockentupfen, mit Salz, Pfeffer und Currypulver würzen und nebeneinander in die Form legen.

Das Eiweiß sehr steif schlagen und mit dem Senf und dem Paniermehl vermischen. Die Masse mit einem Messer auf das Hühnerfleisch streichen. Die restliche Butter in Flöckchen darüber verteilen und die Form auf einem Rost auf der untersten Schiene in den Ofen schieben.

Den Schnittlauch waschen, trockentupfen, in Röllchen schneiden und kurz vor dem Servieren über die Hühnerbrustfilets streuen.

Tipp

Servieren Sie als Beilagen Lauchgemüse und Bandnudeln oder Kartoffelpüree. Bereiten Sie das Gericht für mehr als 4 Personen auf einem Backblech zu. Das Fleisch mundet noch besser, wenn man es in Öl anbrät. Sie können die Filets auch mit einer Scheibe gekochten Schinken belegen.

Hühnerbrustfilets mit Senfkruste

Zutaten

30 g Butter
4 Hühnerbrustfilets (à 150 g)
Salz, Pfeffer, Currypulver
2 Eiweiß
1 EL scharfer Senf
1 EL mittelscharfer Senf
1 gehäufter EL Paniermehl
1 Bund Schnittlauch

Gartemperaturen und Garzeit

Ober- und Unterhitze: ca. 200 °C (vorgeheizt)
Heißluftherd: ca. 180 °C (vorgeheizt)
Gasherd: Stufe 3–4 (vorgeheizt)
Garzeit: 20–25 Minuten

Für 4 Personen

Zubereitung

Die Putenschnitzel unter fließend kaltem Wasser waschen, trockentupfen, salzen und pfeffern. Jedes Schnitzel mit drei Scheiben Speck belegen.

Den Salbei waschen, die Blättchen abzupfen und über die Schnitzel verteilen.

Die Schnitzel aufrollen und jeweils in vier gleich große Stücke schneiden. Die Röllchen auf Metallspieße stecken und mit Öl bestreichen.

Die Spieße auf jeder Seite etwa 5 Minuten grillen.

Putenspieße mit Salbei

Zutaten

4 Putenschnitzel (à 125 g)
Salz
frisch gemahlener Pfeffer
12 dünne Scheiben Frühstücksspeck
1 Bund Salbei, Öl

Für 2 Personen

Zubereitung

Die Entenbrustfilets unter fließend kaltem Wasser waschen, trockentupfen, salzen und pfeffern. Die Butter in einer Pfanne zerlassen und das Fleisch zunächst auf der Hautseite, dann auf der anderen Seite etwa 10–12 Minuten braten. Die Haut kurz vor dem Ende der Garzeit mit Honig bestreichen und eventuell etwas Wasser angießen.

Die Entenbrustfilets mit Grand Marnier flambieren, das Fleisch aus der Pfanne nehmen, auf eine vorgewärmte Platte legen und warm stellen.

Für die Orangensoße die Schale mit einem Zestenreißer abziehen und die Frucht auspressen. Orangensaft und -schale unter den Bratenfond mischen.

Die Crème fraîche unterrühren und die Soße zum Kochen bringen. Mit Salz, Pfeffer und Honig abschmecken und mit den Entenbrustfilets servieren.

Zutaten

2 Entenbrustfilets
Salz
frisch gemahlener Pfeffer
15 g Butter
2 TL Honig
4–5 EL Grand Marnier

Für die Orangensoße:
Saft und Schale von einer unbehandelten Orange
1 Becher Crème fraîche (150 g)

Entenbrustfilets in Orangensoße

Geflügel

Für 4 Personen

Zubereitung

Die Nudeln nach Packungsanweisung bissfest garen und in einem Sieb gut abtropfen lassen.

Die Pilze einweichen, abtropfen lassen und in kleine Stücke schneiden. Die Putenschnitzel unter fließend kaltem Wasser waschen, trockentupfen und in Streifen schneiden. Das Öl in einer Pfanne erhitzen. Fleisch und Pilze portionsweise darin anbraten. Mit Salz und Pfeffer würzen, die Mischung aus der Pfanne nehmen und warm stellen.

Die Nudeln in den Bratenfond geben, Erbsen und Karotten zufügen und etwa 5 Minuten garen. Die Fleisch-Pilz-Mischung zugeben und die Sahne angießen. Alles 3–4 Minuten köcheln lassen.

Das Gericht nochmals mit Salz und Pfeffer abschmecken und vor dem Servieren mit Petersilie bestreuen.

Zutaten

250 g Spiralnudeln
15 g getrocknete Pilze
(z. B. chinesische Mu-Er-Pilze)
400 g Putenschnitzel
3 EL Öl
Salz
frisch gemahlener Pfeffer
300 g tiefgekühlte Erbsen und Karotten
125 g Sahne
1 EL gehackte Petersilie

Putenbrust-Nudel-Pfanne

Für 4 Personen

Zubereitung

Die Putenbrustfilets unter fließend kaltem Wasser abspülen, trockentupfen und seitlich eine Tasche hineinschneiden.

Die Milch erhitzen. Die Weißbrotwürfel in eine Schüssel geben, mit der Milch begießen und einweichen lassen. Das Ei zufügen, mit Salz, Pfeffer und Salbei würzen und alles zu einem Teig verkneten.

Die Putenbrustfilets mit der Mischung füllen und mit Holzstäbchen verschließen. Das Öl in einer feuerfesten Pfanne erhitzen, das Fleisch rundum anbraten, die Geflügelbrühe angießen und die Pfanne auf einem Rost in den Ofen schieben.

Die Kohlrabi putzen, schälen und in Streifen schneiden. Silberzwiebeln, Speckwürfel und Kohlrabistreifen nach etwa 30 Minuten Garzeit zum Fleisch geben und unter gelegentlichem Rühren mitschmoren.

Tipp

Reichen Sie als Beilage Baguette oder Petersilienkartoffeln.

Gartemperaturen und Garzeit

Ober- und Unterhitze: ca. 180 °C (vorgeheizt)
Heißluftherd: ca. 160 °C (nicht vorheizen)
Gasherd: Stufe 2–3 (nicht vorheizen)
Garzeit: ca. 70 Minuten

Geschmorte Putenbrustfilets

Zutaten

800 g Putenbrustfilet
200 ml Milch
250 g Weißbrotwürfel
1 mittelgroßes Ei
Salz
frisch gemahlener Pfeffer
getrockneter Salbei

2 EL Öl
200 ml Geflügelbrühe
2 Kohlrabi
200 g Silberzwiebeln
(aus dem Glas)
100 g Speckwürfel

Für 4 Personen

Zubereitung

Das Perlhuhn unter fließend kaltem Wasser waschen, trockentupfen und in 8 Stücke teilen. Die Leber beiseite legen. Die Knoblauchzehen abziehen.

Aus Weißwein, Salbei, Knoblauch und 10 Wacholderbeeren eine Marinade bereiten und die Perlhuhnstücke 4 Stunden darin ziehen lassen.

Das Fleisch aus der Marinade nehmen und trockentupfen. Das Öl in einem Bräter erhitzen und die Perlhuhnstücke darin goldbraun anbraten.

Die Leber klein hacken und die übrigen Wacholderbeeren im Mörser zerstoßen. Paniermehl, Leber und Wacholderbeeren zum Fleisch geben. Alles gut umrühren. Die Marinade und etwas Fleischbrühe angießen.

Das Fleisch 45 Minuten bei geringer Hitze garen.

Zutaten

1 kg Perlhuhn mit Leber
4 Knoblauchzehen
1/2 l Weißwein
einige Salbeiblätter
eine Hand voll Wacholderbeeren
4 El Olivenöl
1 gehäufter EL Paniermehl
Fleischbrühe

Perlhuhn mit Wacholderbeeren

Für 2 Personen

Zubereitung

Die Zucchini waschen, putzen, längs halbieren und in Scheiben schneiden. Die Karotten putzen, schälen, ebenfalls längs halbieren und in Scheiben schneiden. Die Zwiebel abziehen und in Ringe schneiden.

Zucchini, Karotten, Zwiebeln, Rosmarin, Lorbeerblatt, Salz und Pfeffer vermischen und in einen ca. 35 x 50 cm großen Bratschlauch füllen.

Den Zitronensaft mit Paprikapulver und Öl verrühren und mit Salz und Pfeffer würzen.

Die Putenbrustfilets unter fließend kaltem Wasser waschen, trockentupfen, mit der Ölmischung bestreichen und auf das Gemüse legen.

Den Bratschlauch schließen und auf einem Rost in den Ofen schieben.

Zutaten

250 g Zucchini
200 g Karotten
1 Zwiebel
1 TL getrockneter Rosmarin
1 Lorbeerblatt
Salz
frisch gemahlener Pfeffer
Saft einer halben Zitrone
1/2 TL Paprikapulver
1 TL Öl
2 Putenbrustfilets (à 180 g)

Putenbrustfilets auf tunesische Art

Gartemperaturen und Garzeit
Ober- und Unterhitze: ca. 200 °C (vorgeheizt)
Heißluftherd: ca. 180 °C (vorgeheizt)
Gasherd: Stufe 3–4 (vorgeheizt)
Garzeit: ca. 30 Minuten

Für 4 Personen

Zubereitung

Die Putenkeulen unter fließend kaltem Wasser waschen und trockentupfen. Mit Salz, Pfeffer und Kräutern der Provence würzen. Die Knoblauchzehen abziehen, durch die Presse drücken und auf den Keulen verteilen.

Das Öl in einem Schnellkochtopf erhitzen und die Putenkeulen nacheinander darin anbraten. Den Rotwein angießen und den Deckel schließen. Den Topf auf Stufe II stellen, sobald nach etwa 1 Minute genug Dampf entwichen ist. Die Keulen auf dieser Stufe 30–35 Minuten garen.

Den Schnellkochtopf vom Herd nehmen, den Hitzeregler langsam und gleichmäßig zurückdrehen und den Topf öffnen. Das Fleisch herausnehmen und auf eine vorgewärmte Platte legen.

Den Bratenfond mit der Crème fraîche verrühren und ein wenig einkochen lassen. Mit Salz und Pfeffer abschmecken und mit dem Fleisch servieren.

Putenkeule auf provenzalische Art

Zutaten

2 Putenkeulen (à 650 g)
Salz
frisch gemahlener Pfeffer
Kräuter der Provence
2 Knoblauchzehen
2 EL Olivenöl
200 ml Rotwein
1 Becher Crème fraîche (150 g)

Tipp

Als Beilage können Sie Ratatouille, Baguette, Nudeln oder Reis reichen.

Für 2 Personen

Zubereitung

Die Tauben unter fließend kaltem Wasser waschen, trockentupfen, salzen und pfeffern. Die Schalotten und den Knoblauch abziehen. Petersilie und Rosmarin waschen und trockentupfen. Die Tauben mit je 2 Schalotten und Knoblauchzehen sowie den Kräutern füllen. Die Margarine in einem Bräter erhitzen und das Fleisch darin kräftig anbraten.

Die Karotten putzen, schälen und in kleine Würfel schneiden. Den Sellerie putzen, waschen, trockentupfen und klein würfeln. Die Tomaten überbrühen, abschrecken, häuten, die Stielansätze entfernen und das Gemüse in Würfel schneiden.

Tomatenpüree, Karotten-, Sellerie- und Tomatenwürfel zu den Tauben geben und mitbraten. Die Geflügelbrühe und den Rotwein angießen und die Tauben 30 Minuten schmoren lassen. Aus dem Bräter nehmen und warm stellen.

Die Soße pürieren und durch ein Sieb streichen. Die Crème fraîche unterziehen und die Soße nochmals abschmecken. Die Tauben mit der Soße servieren.

Tipp

Als Beilagen schmecken Bandnudeln und Rosenkohl oder Butterbohnen.

Zutaten

2 küchenfertige Tauben
Salz
frisch gemahlener Pfeffer
7 Schalotten
7 Knoblauchzehen
2 Bund Petersilie
2 Bund Rosmarin
60 g Margarine
2 Karotten
1 Stange Sellerie
2 Tomaten
1 TL Tomatenpüree
1/8 l Geflügelbrühe
1/8 l roter Burgunder
2 EL Crème fraîche

Geschmorte Tauben in Burgundersoße

Für 4 Personen

Zubereitung

Die Hühnerbrustfilets unter fließend kaltem Wasser abspülen, trockentupfen und mit Salz, Pfeffer und Thymian würzen. Die Margarine in einer Pfanne erhitzen und das Fleisch darin von allen Seiten etwa 10 Minuten anbraten.

Inzwischen die Zwiebel abziehen und würfeln. Die Tomaten überbrühen, abschrecken und häuten. Stielansätze und Kerne entfernen und das Gemüse würfeln. Die Champignons abreiben, putzen und klein schneiden. Die Petersilie waschen, trockentupfen und die Blättchen fein hacken.

Die Hühnerbrustfilets aus der Pfanne nehmen und abkühlen lassen. Die Zwiebelwürfel in der Pfanne glasig dünsten. Champignons und Tomaten zufügen und alles unter ständigem Rühren braten, bis die gesamte Flüssigkeit verdampft ist. Die Petersilie hinzugeben. Alles mit Salz, Pfeffer und Thymian abschmecken und abkühlen lassen.

Die aufgetauten Blätterteigplatten übereinander legen, leicht andrücken und zu einem 30 x 35 cm großen Rechteck ausrollen. Den gekochten Schinken darauf legen und mit der Pilz-Tomaten-Mischung bestreichen. Die Hühnerbrustfilets darauf geben und alles fest zusammenrollen. Das Eigelb mit der Milch verquirlen, die Blätterteigrollen damit bestreichen, auf ein mit kaltem Wasser ausgespültes Backblech legen und auf einem Rost in den Ofen schieben.

Hühnerbrustfilet „La Fontaine"

Zutaten

800 g Hühnerbrustfilet
Salz, Pfeffer, getrockneter Thymian
20 g Margarine, 1 Zwiebel
2 Tomaten
230 g Champignons
1 Bund Petersilie

Für den Teig:
300 g Tiefkühl-Blätterteig
3 Scheiben gekochter Schinken
1 Eigelb, 2 EL Milch

Gartemperaturen und Garzeit

Ober- und Unterhitze: 200–220 °C (vorgeheizt)
Heißluftherd: 180–200 °C (vorgeheizt)
Gasherd: Stufe 4 (vorgeheizt)
Garzeit: 20–30 Minuten

Für 2 Personen

Zubereitung

Die Hühnerbrustfilets unter fließend klarem Wasser waschen, trockentupfen, in mundgerechte Stücke schneiden und in Mehl wenden. Das Öl in einer Pfanne erhitzen und das Fleisch darin von jeder Seite 5 Minuten anbraten.

Die Schalotten abziehen, fein hacken und in der Pfanne glasig dünsten. Das Currypulver zufügen und alles mit Orangensaft und Brühe ablöschen. Das Ganze zugedeckt etwa 10 Minuten schmoren lassen.

Das Fleisch aus der Pfanne nehmen und warm stellen. Den Bratenfond sämig einkochen lassen. Die Pfanne vom Herd nehmen und die Butter in kleinen Stücken mit einem Schneebesen unterrühren.

Die Orange schälen und filetieren. Das Fleisch auf einer Platte anrichten und die Soße darüber gießen. Das Gericht mit Orangenfilets und Minzeblättchen garnieren.

Zutaten

400 g Hühnerbrustfilet
2 EL Weizenmehl
4 EL Öl
4 Schalotten
1 TL Currypulver
$^{1}/_{8}$ l frisch gepresster Orangensaft
$^{1}/_{8}$ l Geflügelbrühe
100 g kalte Butter
1 Orange
Minzeblättchen

Hühnerbrustfilet in Orangensoße

Für 4 Personen

Zubereitung

Die Putenbrustfilets unter fließend kaltem Wasser waschen, trockentupfen und der Länge nach eine Tasche einschneiden. Mit Salz, Pfeffer und Paprikapulver würzen.

Für die Füllung die Zucchini waschen, putzen, längs halbieren und würfeln. Das Basilikum waschen, trockentupfen und die Blättchen in feine Streifen schneiden. Einige Basilikumstreifen beiseite stellen. Den Schafskäse würfeln. Zucchini- und Schafskäsewürfel mit dem Basilikum mischen und gut mit Salz und Pfeffer würzen. Die Putenbrustfilets mit der Mischung füllen, die Tasche mit Holzstäbchen verschließen und das Fleisch mit Mehl bestäuben.

Die Margarine in einer Pfanne erhitzen. Die Filets darin unter mehrmaligem Wenden 25–30 Minuten schmoren lassen, aus der Pfanne nehmen und warm stellen.

Für die Soße Crème fraîche, Sahne und Tomatenpüree unter den Bratenfond rühren und nochmals aufkochen lassen. Mit Salz, Pfeffer und Cayennepfeffer würzen und die übrigen Basilikumstreifen unterziehen. Das Fleisch in Scheiben schneiden und mit der Soße servieren.

Tipp

Als Beilagen sind Kartoffeln und grüne Salate oder Baguette mit Kräuterbutter zu empfehlen.

Gefüllte Putenbrustfilets

Zutaten

2 Putenbrustfilets (à 400 g)
Salz
frisch gemahlener weißer Pfeffer
Paprikapulver

Für die Füllung:
75 g Zucchini
1 Bund Basilikum
150 g Schafskäse

40 g Mehl
30 g Margarine

Für die Soße:
1 Becher Crème fraîche (150 g)
100 g Sahne
1 EL Tomatenpüree
Cayennepfeffer

Für 4 Personen

Zubereitung

Die Karotten putzen, schälen und in etwa 2 cm lange Stifte schneiden.

Die Hühnerkeulen unter fließend kaltem Wasser waschen, trockentupfen und salzen. Die Margarine in einer Pfanne erhitzen und das Fleisch darin rundum anbraten. Mit Pfeffer und Paprikapulver würzen.

Die Keulen aus der Pfanne nehmen und die Karotten im Bratenfond dünsten. Mit Salz und Zucker würzen, die Brühe angießen und alles nochmals aufkochen lassen.

Die Karotten auf einem Backblech verteilen, die Hühnerkeulen darüber legen, mit Butterflöckchen bestreuen und das Blech in den Ofen schieben.

Das Fleisch vor dem Servieren mit Petersilie bestreuen.

Zutaten

750 g junge Karotten
4 Hühnerkeulen (à 200 g)
Salz
30 g Margarine
weißer Pfeffer
Paprikapulver
1 Prise Zucker
1/8 l Gemüsebrühe
30 g Butter
2 EL gehackte Petersilie

Hühnerkeulen mit Karotten

Gartemperaturen und Garzeit

Ober- und Unterhitze: ca. 200 °C (vorgeheizt)

Heißluftherd: ca. 180 °C (vorgeheizt)

Gasherd: Stufe 3–4 (vorgeheizt)

Garzeit: ca. 30 Minuten

Für 4 Personen

Zubereitung

Die Hühnerbrustfilets unter fließend kaltem Wasser waschen, trockentupfen, salzen und pfeffern. Das Öl in einer ofenfesten Pfanne erhitzen und die Filets darin etwa 10 Minuten von beiden Seiten anbraten.

Inzwischen die Tomaten waschen, die Stielansätze entfernen und das Gemüse in Scheiben schneiden. Den Mozzarella in nicht zu dünne Scheiben schneiden. Das Fleisch mit Tomaten- und Mozzarellascheiben belegen und 5–10 Minuten unter dem vorgeheizten Grill gratinieren. Mit Basilikumblättchen garnieren und servieren.

Tipp

Zu diesem Gericht passen Butterreis oder Knoblauchtoast und Kopfsalat.

Gratinierte Hühnerbrustfilets mit Mozzarella

Zutaten

4 Hühnerbrustfilets (à 200 g)
Salz
frisch gemahlener Pfeffer
3 EL Öl
400 g Tomaten
250 g Mozzarella
Basilikumblättchen

Register